CB019332

VEREDAS

Índigo

Cobras em compota

Ilustrações
Thais Beltrame

2ª edição

MODERNA

© ÍNDIGO, 2015
1ª edição, 2006

COORDENAÇÃO EDITORIAL	Maristela Petrili de Almeida Leite
EDIÇÃO DE TEXTO	Marília Mendes
COORDENAÇÃO DE EDIÇÃO DE ARTE	Camila Fiorenza
PROJETO GRÁFICO	Camila Fiorenza, Cristina Uetake
DIAGRAMAÇÃO	Cristina Uetake
ILUSTRAÇÕES DE CAPA E MIOLO	Thais Beltrame
COORDENAÇÃO DE REVISÃO	Elaine Cristina del Nero
REVISÃO	Maristela S. Carrasco
COORDENAÇÃO DE BUREAU	Américo Jesus
TRATAMENTO DE IMAGENS	Angelo Greco
PRÉ-IMPRESSÃO	Helio P. de Souza Filho
COORDENAÇÃO DE PRODUÇÃO INDUSTRIAL	Wilson Aparecido Troque
IMPRESSÃO E ACABAMENTO	Gráfica Elyon
LOTE	749355

Dados Internacionais de Catalogação na Publicação (CIP)
(Câmara Brasileira do Livro, SP, Brasil)

Índigo
    Cobras em compota / Índigo; ilustrações Thais
Beltrame. — 2. ed. — São Paulo : Moderna, 2015. —
(Coleção Veredas)

ISBN 978-85-16-09642-7

    1. Ficção — Literatura infantojuvenil
I. Beltrame, Thais. II. Título. III. Série.

14-11363   CDD-028.5

Índices para catálogo sistemático:
1. Ficção : Literatura infantojuvenil 028.5
2. Ficção : Literatura juvenil 028.5

EDITORA MODERNA LTDA.
Rua Padre Adelino, 758 - Belenzinho
São Paulo - SP - Brasil - CEP 03303-904
Vendas e Atendimento: Tel. (11) 2790-1300
www.modernaliteratura.com.br
2022
Impresso no Brasil

Para o coelho raivoso.

Sumário

ADULTICE

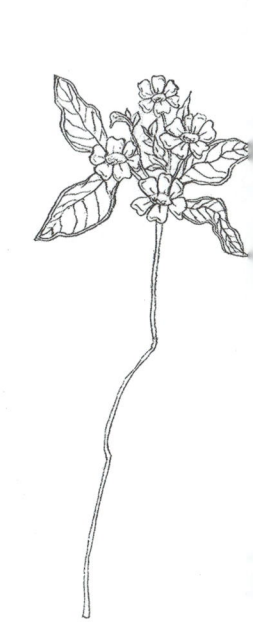

Apresentação

Quando eu era pequena, os vidros de maionese eram bem maiores que os de agora. Acho que naquela época ninguém tinha medo de colesterol. Por serem vidros tão grandes, comportavam cobras enroladas dentro. No laboratório de Ciências da minha escola, eles preenchiam uma prateleira inteira, de ponta a ponta.

Se não fosse por esses vidros, meu desempenho na escola provavelmente teria sido bem melhor. Com eles ali era impossível. Eu só queria abri-los, meter a mão e puxar uma cobra pelo pescoço.

Nunca entendi o propósito daquela coleção de cobras. Nunca chegou a série certa para estudá-las. Lembro que de vez em quando, no meio da aula, alguma cobra de índole mais atrevida sibilava para mim. Com o tempo, percebi que, caso eu abrisse os potes, elas pulariam em mim, fincariam as presas no meu pescoço e eu me tornaria uma delas. Eram todas ex-alunas.

Ex-alunas que, em algum ponto de suas vidas, falaram mais do que deviam.

Neste livro destampo alguns vidros de maionese do meu passado remoto e do não tão remoto assim.

INFÂNCIA

1. Efeito minhoqueira

Eu não era de fazer birra. Para fazer birra eu teria de gritar. O grito até existia dentro de mim, mas não saía. Uma casca de silêncio abafava o som da minha voz. Até para verbalizar palavras eu tinha dificuldade. Elas saíam em forma de monossílabos triturados. Ninguém me entendia. Ganhei fama de bicho do mato. Minha aparência também não ajudava. Eu não era uma criança bonitinha. Basta dizer que durante um almoço de Natal, enquanto os adultos tomavam café na varanda, ouvi um tio-avô comentando a meu respeito. Mesmo não entendendo o significado de "beleza exótica" compreendi que minha vida não seria nada fácil.

Entupida em mim mesma, tive de encontrar maneiras alternativas de expressar minhas vontades. Em vez de argumentar, eu estrebuchava. Uma combinação de ataque epiléptico com balé contemporâneo. Minha mãe deu a isso o nome de "minhoqueira".

Se estávamos em casa, ela simplesmente me ignorava. Se acontecia em público, ela torcia a minha orelha. Eu estrebuchava ainda mais. As pessoas olhavam, constrangidas. Eu mesma não me lembro de ter ficado constrangida. Eu não tinha consciência de ser visível para o resto do mundo.

Um dia, brincando na terra, com baldinho e pá, esbarrei numa tripa que se contorcia. Igualzinha a mim. Soltei a pá e pulei para trás. A criatura meteu a cabeça na terra fofa e foi abrindo caminho. Parecia um peixe. Movia-se com uma urgência que eu só via nos adultos. Nem se irritou comigo. Precisava se salvar porque, por algum motivo, sua vida tinha importância. Eu me perguntava que motivo era esse. Por que aquela urgência? Nunca encontrei a resposta, mas fiquei sensibilizada ao ver a agonia da minhoca. Peguei a pá e joguei um punhado de terra por cima dela. Depois, voltando para casa, tentei imaginar como seria a minha vida quando eu me livrasse da prisão da infância. Quem sabe algum dia eu também teria o privilégio de descobrir o meu valor.

2.
Gatos não são bola

Nos dias de chuva meu irmão tinha ataques de tédio. Ao contrário do meu tédio, que era enfadonho, o dele era eufórico. Não havia brincadeira que o saciasse. Ele andava pela casa, em meio a trovoadas e relâmpagos, resmungando e remexendo em tudo. Seu cérebro borbulhava e seus olhinhos brilhavam. Eu me encolhia na minha cama, com um livro na mão, rezando para que ele não se lembrasse de mim. Ele sempre lembrava.

Foi num desses dias de tédio profundo que ele inventou de brincar de atirarmos o gato um no outro. Podíamos pegar o bicho apenas quando estivesse prestes a despencar da sacada. Ganhava quem conseguisse arremessar de modo que o gato ficasse o máximo de tempo possível solto no ar. Meu azar foi que o gato perdeu a paciência justo na minha vez de pegá-lo. Fincou as garras nas minhas bochechas e foi descendo, rasgando a pele no caminho.

Doeu.

Mas dor maior eu senti no dia seguinte, na igreja, durante minha primeira comunhão. O padre rezou a missa inteira sem desgrudar os olhos de mim. Não teve bata branca, coroa de flores ou asinha de algodão que desviasse a atenção do meu rosto de *poltergeist*.

Na hora das fotos, o padre me botou atrás do menino mais alto da turma. Eu chorava baixinho, e quanto mais chorava, mais ardia. Eu só queria cavar um buraco e ir para o inferno de vez.

Ao final da cerimônia nem quis saber de bolo e festinha. Voltei sozinha para casa, com as asas de algodão debaixo do braço. Passei o resto da tarde sentada em frente ao espelho, olhando para o meu rosto rasgado.

Cheguei a três conclusões: primeiro, que o céu é uma grande besteira. Segundo, que Deus tinha algo pessoal contra mim. Terceiro, que o gato era inocente.

O gato leu meus pensamentos e fez o que lhe pareceu adequado. Pulou no meu colo, apalpou minhas pernas com suas patinhas acolchoadas, girou em sentido anti-horário e se enrodilhou. Acariciei sua nuca. Em poucos minutos, estava ronronando. Havia o consolo de saber que, quando eu morresse, ao menos teria crédito para entrar no céu. Não havia a garantia, mas a possibilidade. A partir de então eu teria de fazer um esforço redobrado para provar ao mundo que eu não era um demônio, apesar da aparência física. Se me tornasse uma pessoa excepcionalmente boa, talvez conseguisse voltar a ser amada pela minha família, fazer novas amizades e, se Deus permitisse, levar uma vida quase normal. Enquanto minhas antigas amigas comiam bolo de morango com auréolas fincadas na cabeça, eu estava tendo uma compreensão real dos ensinamentos cristãos. Finalmente eu começaria a entender o que é sofrer. Nada mau, para quem se considerava meio sem graça.

3. Sapo no espeto

Depois de dias de chuva os sapos saíam para a rua. Atrás dos sapos, Kleber. Se não fosse por eles, hoje eu seria outra pessoa. Hoje, por exemplo, eu conseguiria morar num sítio sem risco de enfartar cada vez que um sapo pulasse na minha frente.

O problema é que Kleber roubava os espetos de churrasco do pai, fincava a ponta nas costas dos sapos e saía andando pela rua, servindo às pessoas como se estivéssemos num rodízio. Da janela do meu quarto eu via minhas vizinhas correndo aos berros, lágrimas escorrendo pelo rosto, desesperadas, disparando a campainha das casas, implorando por socorro. Apesar do melodrama, nunca consegui enxergá-las como vítimas. Achava que alguma coisa elas deviam ter feito para merecer aquilo. Comigo nunca aconteceria. Mesmo que acontecesse, eu não gritava, lembra? Eu não era expressiva o bastante para despertar o interesse do Kleber. Ele nem sabia que eu existia.

Por isso, quando Kleber se aproximou dizendo "feche os olhos e abra a boca", eu obedeci.

Kleber era loiro, de olhos azuis. Tinha fama de inteligente. Nos dias de sol ele era quase legal, apesar de ser menino. Ouvia o que nós, meninas, tínhamos a dizer sem rir. Eu confiava nele. Supus que fosse uma pessoa séria nos dias de sol. Achei que, como eu, ele não fosse uma criança de verdade. Pensei que, no fundo, ele tinha sentimentos e entendia tudo o que se passava à nossa volta. Eu realmente achei que ele tinha consciência de que estávamos confinados a um período de tempo, mas que no futuro escaparíamos. Então obedeci. Fechei os olhos e abri a boca.

Imaginei que seria bala ou chiclete. Talvez ele estivesse me paquerando. Foi bem mais gelado e gosmento.

No minuto seguinte eu estava correndo pela rua, com a boca aberta, língua de fora e lágrimas escorrendo sobre as cicatrizes do gato que havia cravado as unhas nas minhas bochechas, dias antes.

Fiz gargarejo, tomei leite, escovei a língua com pasta de dentes, comi pão. Rompi a barreira de silêncio que abafava o som da minha voz. Nada adiantou. O gosto do sapo aderiu à minha língua. Até hoje, se um sapo pula na minha frente, o gosto volta. Até churrasquinho no espeto virou um problema.

4. A vingança da lombriga

Toda vez que o médico pressionava minha língua com um palito de sorvete eu tinha ideias. Imaginava que uma lombriga escaparia de dentro de mim e avançaria para cima do nariz do médico. Na mesma hora ele largaria o palito, abriria a porta do consultório e sairia correndo, chamando a secretária. Na salinha de espera os pacientes ficariam horrorizados com a cena. Começariam a inventar uma desculpa qualquer e desmarcariam a consulta. Nunca mais voltariam. A secretária ligaria para a polícia. O médico ficaria bravo porque não era para chamar a polícia. Era apenas para arrancar a lombriga do nariz dele. Mas a secretária teria nojo de pegar na lombriga. O maior problema é que o médico estaria impossibilitado de abrir a boca e passar as instruções para a secretária. Se fizesse isso, a lombriga poderia se transferir para dentro dele.

— Inflamação de garganta — diagnosticava o médico, e isso era o máximo que acontecia.

5. Pedaço de carne

Depois que provei o gosto gelado e pegajoso da pele rugosa de um sapo, passei a rejeitar carne vermelha. Para o meu azar, naquela época os únicos vegetarianos que eu conhecia eram os indianos. Eu morava em Campinas. Meu pai fazia churrasco todos os fins de semana. Minha mãe jogava nacos de paio dentro do feijão.

Para me tornar vegetariana eu teria de me converter ao hinduísmo, sendo que eu tinha acabado de fazer a primeira comunhão. A mudança de dieta implicava ter de mudar de religião, escola e família. Minha mãe nem me dava ouvidos. Mandava comer e ficar quieta.

— E dê graças a Deus por termos carne pra comer.

Eu mastigava. Só não conseguia engolir. Deixava o treco num canto da boca e me concentrava nos outros alimentos. Aguardava um momento de descontração e me livrava do pedaço de carne.

Certa vez, a oportunidade demorou a aparecer, pois nesse dia minha mãe não tirava os olhos de mim. Eu lá, mastigando e mastigando. Daí aconteceu o inevitável. Depois de uma longa mastigação o pedaço de bife à milanesa ficou frio e borrachudo. De repente cismei que aquilo não era mais o bife à milanesa que minha mãe havia preparado com tanto carinho. Então parei de mastigar.

— Engole — disse minha mãe.

Tarde demais. Eu já não fazia ideia do que era aquilo dentro da minha boca. Meu irmão cruzou os talheres em cima do prato e me encarou com olhos esbugalhados.

— Você — disse minha mãe, dessa vez para o meu irmão — continue comendo.

Das primeiras vezes eles me viraram de cabeça para baixo, me deram tapas nas costas, abriram minha boca à força e arrancaram a coisa lá de dentro. Na quinta vez, quando tudo indicava que o fenômeno ia se tornar parte da rotina da casa, resolveram mudar a tática. Agora a ordem era para continuar comendo como se nada estivesse acontecendo.

Certa vez, quando eu estava prestes a sufocar, cuspi. A coisa morta caiu dentro da travessa de purê de batata e afundou devagarinho. Meu irmão olhou da coisa para mim e da minha cara sem graça para meu pai, que por sua vez se levantou e deu a refeição por terminada. Em outra ocasião aproveitei um momento de descontração familiar e embrulhei a coisa no guardanapo.

Depois, discretamente a coloquei em baixo do prato. Teria sido perfeito, se a coisa não tivesse vazado e se espalhado pela mesa.

O que minha mãe não entendia, e que eu não tinha como explicar naquele momento, é que a coisa precisava de ar. Se eu não expelisse imediatamente, ela lançaria um ácido corrosivo que me queimaria por dentro. Eu corria perigo de vida. E se o ácido corrosivo espirrasse no resto da família, eu mataria pessoas inocentes.

Um belo dia resolvi partir para a ignorância.

A coisa forçava sua saída, como sempre. Se eu não cedesse, corria o risco de ter os dentes estilhaçados pela força da explosão. Meu pai entornou um copo d'água, empurrou seu prato alguns centímetros para a frente e apoiou os braços na mesa. Pelo seu olhar entendi que, se eu cuspisse aquilo, seria o meu fim. Senti um arrepio gelado atravessando meu corpo, depois uma leve tontura.

Meu irmão represou uma risada que crescia dentro dele enquanto eu lacrimejava de dor no maxilar. Ele tomou um golão d'água, a fim de engolir a risada. Foi então que encontrei a solução. Se naquele exato instante eu fizesse uma careta, meu irmão cairia na risada, sendo que sua boca estava cheia d'água. O resto era comigo.

Fiz a careta. Ele esguichou o jato d'água. Primeiramente pelo nariz. Depois pela boca, cobrindo nossa família com um escudo perfeito. Agora era a minha vez. Mirei no centro do seu jato e expeli a coisa morta na mesma direção, só que em sentido contrário. As partículas sólidas e líquidas se encontraram, como num espetáculo de águas dançantes. Impossível identificar o que pertencia a quem.

Nossa irmã caçula se assustou a ponto de cair no choro. Ela era bem mais nova do que nós e ainda não entendia a dinâmica da família. Nessa hora ela deve ter tido um vislumbre do que o futuro lhe reservava, e se desesperou. Compreensível.

Nossos pais deixaram a mesa, xingando-nos de nomes que prefiro nem lembrar. Depois desse dia, durante um tempão, meu irmão e eu tivemos de jantar antes dos nossos pais. Achei sensato, pelo menos me poupava de situações embaraçosas. Com meu irmão eu nunca tive cerimônia. Ficávamos à vontade para expelir coisas um no outro, fosse comida ou palavras.

No fim, contribuiu para a formação do nosso caráter.

6. Abelhas, leões e paixões súbitas

Kleber e eu generalizávamos demais. No dia em que descobrimos que não se deve correr de um leão, passamos a aplicar a técnica a todos os outros bichos. Havíamos entendido o recado direitinho. Quando um leão aparece na sua frente, você deve se fazer de estátua. Depois de algumas horas, o leão se cansa e vai embora.

Por isso, no dia em que fomos atacados por abelhas, decidimos aplicar nossos conhecimentos de sobrevivência na selva. Fazia um calor infernal, e nós estávamos chupando picolé de limão.

Kleber congelou na mesma hora. Do jeito que estava, ficou. Com a boca aberta e a língua de fora. Olhou para mim como quem diz: não se mexa! Eu, pelo menos, dei sorte de estar com a boca fechada e a língua para dentro. Rapidinho as abelhas chamaram as colegas. Gritaram:

— Corram! Encontramos dois idiotas!

Vieram em bando. Pousaram no picolé, na nossa cabeça, no aro dos óculos, na língua do Kleber...

Vi abelhas entrando e saindo da sua boca, como se ele fosse um *shopping center*. Vi abelha fazendo coreografia de sapateado na ponta da sua língua. Tinha abelha que usava a língua do Kleber como tobogã. Enquanto isso, lágrimas escorriam pelo seu rosto. Mas ele foi fiel ao nosso trato e só saiu correndo depois da primeira picada. Na língua.

Foi aí que decidi que ele era digno do meu amor.

7.
A necessidade de encarar o Bicho-papão

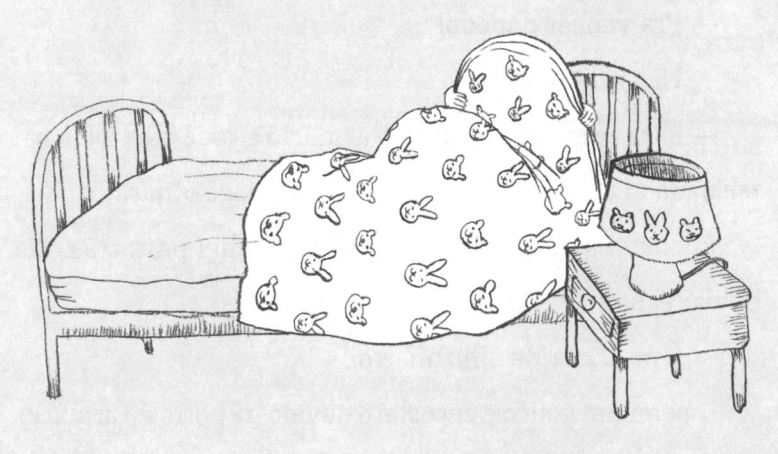

Eu nunca tive problemas com o Bicho-papão, mas minha irmã caçula, sim. Durante meses ela não disse um "A". No entanto, quando dava a hora de dormir, ela pulava para a minha cama, pedindo um cantinho do cobertor. Botava a culpa numa lagartixa grudada na parede do seu quarto, num enxame de pernilongos ou medo de pesadelo. Nunca acreditei nessas desculpas. Um dia resolvi investigar. Entrei no seu quarto e olhei à minha volta. O armário em frente à sua cama estava com as portas fechadas. Achei estranho. Durante o dia o armário vivia escancarado. Foi então que entendi tudinho.

— Você vai ter que encarar esse monstro.

Ela fez cara de choro. Insisti.

— Vai ter que.

— Por que eu tenho que olhar?

— Pra vencer o medo!

— Não quero olhar.

— Para com isso! Eu abro o armário e você olha. Não vai ter nada aí dentro, mas o importante é você olhar.

Encostei as mãos nos puxadores e olhei para trás. Ela havia fechado os olhos.

— É pra ficar de olho aberto!

Esperei um pouco e encostei o ouvido na porta do armário.

— Ouviu? — ela perguntou.

— Ele tem asma? — perguntei.

— TEM!!!

— Hum...

— Vamos sair daqui.

— Não. Fica aí.

Esperei um pouco mais, para juntar coragem.

— Vai ser rápido. Eu abro e você olha. É pra olhar, hein?

— Tá. Abre logo, então.

Escancarei as portas e dei de cara com a criatura mais horrenda que já vi na vida. Saí correndo, tropeçando nas escadas e só parei quando alcancei o quintal.

Ela veio em seguida.

No seu rosto, uma expressão resignada de quem já não se espanta com os pequenos terrores do dia a dia.

8.
Vinte
dedinhos

Naquela época, assim que eu acordava, tinha o costume de contar os dedos do pé. A soma tinha de dar dez, cinco em cada pé. Depois contava os da mão direita, que devia conter mais cinco, totalizando quinze. Então os da esquerda. Primeiro direita, depois esquerda — era importantíssimo que a ordem fosse mantida. Na mão esquerda deveria encontrar mais cinco, que somados ao restante daria vinte. A pessoa completa devia ter vinte dedos ao acordar. Isso representa uma bacia de dedos, que dá cento e cinquenta gramas, quando muito. Não era tanto pelo volume, era mais pela falta que fazem. Mesmo o dedinho do pé tem função: equilibrar o resto do corpo. Caso eu pulasse da cama sem ter conferido tudo, e só fosse descobrir a falta de um deles na hora do almoço, seria tarde demais. Ele já teria rolado para algum canto debaixo da cama e nunca mais seria encontrado. Mas, se eu procurasse entre as dobras do lençol, ainda teria boas chances de conseguir colocá-lo de volta.

Outro detalhe importante, antes de deixar a cama de manhã, era abrir apenas um olho e examinar todo o ambiente, cada detalhezinho. Se algum móvel se encontrasse num lugar esquisito, eu fechava o olho. Isso acontecia porque eu havia acordado antes do previsto. Durante a noite, e às vezes até quase de manhãzinha, objetos inanimados costumam se exercitar. Por exemplo: a escrivaninha vai até o banheiro, o abajur rola até a cozinha. Eles dão uma voltinha. Isso acontece de fato, mas mesmo assim não é aconselhável olhar — pode provocar pesadelos.

A terceira coisa é que algumas vezes, dependendo do alinhamento das estrelas, abrem-se passagens para outras dimensões. Por isso, se eu sentisse vontade de ir ao banheiro e a porta estivesse fechada, era melhor voltar para a cama e dormir. Caso contrário, havia boas chances de que eu fosse acabar num lugar de onde nunca mais conseguiria sair.

Graças ao meu irmão, aprendi esses e outros mistérios. Ele dormia no quarto ao lado e eu sabia que, enquanto estivesse ali, eu estaria segura. Ele ouvia meus gritos à noite e se recusava a ir me socorrer. Se fosse, eu me tornaria uma mulher melindrosa e frágil. Então ele só escutava. Se estava gritando é sinal de que estava viva, portanto ele não se abalava. Ele me protegia de outras maneiras. Decorou as paredes do meu quarto com cartazes de filmes. Em cima da minha cama pregou um ET com o dedo aceso. À minha direita, um homem mascarado segurando uma serra elétrica. À minha esquerda, a Mia Farrow, que normalmente não me dava medo, mas nesse cartaz ela estava com cara de quem viu alguma coisa. Estes três: Mia Farrow, ET e o homem da serra elétrica, funcionavam como amuletos para as assombrações que visitavam meu quarto enquanto eu dormia. Vivem numa mesma dimensão, e, contanto que eu tomasse as devidas precauções, seria poupada.

9. Visão do futuro

Nem sempre eu obedecia.

Havia noites em que eu era tomada por uma coragem sobrenatural.

Certa vez, faltando cinco minutos para a meia-noite, liguei o abajur, joguei o cobertor longe e sacudi os braços para espantar as almas penadas. Olhei à minha volta. Ninguém no quarto, graças a Deus. Todos os móveis paradinhos em seus devidos lugares.

O material já estava em ordem, dentro de uma caixa de sapato. Pé ante pé, alcancei o banheiro e fechei a porta bem lentamente. Liguei a lanterna, acendi as sete velas e desliguei a lanterna. As etapas deveriam ser realizadas com extremo cuidado. Se eu olhasse para o espelho antes da hora, poderia ver algo que prefiro nem dizer, mas seria traumático.

Fechei os olhos e repeti as palavras secretas. Aguardei. Só funcionaria se eu olhasse no espelho à meia-noite em ponto. Se olhasse antes, bem... Não gosto nem de dizer o que aconteceria se eu olhasse antes. Por isso aguardei, de olhos fechados. Senti que o banheiro estava quente e vermelho. Pensei em dar uma espiadinha, pois de repente achei que era início de incêndio. Eu havia colocado uma das velas a alguns centímetros da toalha de rosto. Fiquei preocupada. O possível incêndio me desconcertou e então me dei conta de que eu já não sabia quantos minutos faltavam para meia--noite. Podiam ser dois minutos ou dois segundos, e se fossem dois segundos eu ia ver aquilo que Deus me livre.

Tentei manter o bom senso. Se o banheiro estivesse em chamas eu teria sentido o cheiro de queimado. Não, não estava pegando fogo. Era nervosismo.

E se tivesse alguém atrás de mim? Achei que tinha. Assim, do nada, tive a sensação de que havia alguém parado atrás de mim. Alguém mais alto do que eu. Um homem. Ele usava chapéu. E agora? Se eu abrisse os olhos, ia ver o reflexo do homem refletido no espelho. Ele ia abrir a boca e lá dentro eu teria um vislumbre do...

Era melhor não pensar no que eu ia ver dentro da boca do homem. Rezei uma Ave Maria, para o homem desaparecer. Ele fez o sinal da cruz antes de mim e não arredou pé. Tirou o chapéu, pelo menos. Daí começou a bocejar. Eu não queria abrir os olhos e dar de cara com o homem de boca aberta. Dentro da boca do homem eu poderia ver a mesma imagem traumatizante que estaria no espelho, caso olhasse antes da meia-noite. Abri a torneira e joguei um pouco d'água para trás, por cima dos ombros. Com isso escutei um estalo de vela que fez meu coração quase sair pela boca. Meus olhos insistiam em abrir de qualquer jeito. Dei uma requebrada e tive certeza de que estava novamente só. Esfreguei os olhos para que eles parassem de tremer e ficassem fechados. Respirei fundo.

Agora não podia faltar muito para meia-noite. Repassei as instruções: *Olhar-se no espelho à meia-noite, à luz de sete velas*. Meu cabelo estaria todo em pé. Sempre que vou ao banheiro no meio da noite, tomo um susto. Ele cresce para os lados e às vezes faz chifres. O reflexo que eu veria no espelho já seria assustador por si só. Alisei os cabelos. Nas instruções também dizia que poucas pessoas no mundo têm o privilégio de ver aquilo que eu estava prestes a ver, pois normalmente o medo toma conta da pessoa e ela não chega até o fim. Também acontece de fatores alheios interferirem no processo, colocando tudo a perder. Um vento que sopra e apaga uma das velas, um irmão que bate à porta do banheiro, os olhos que, grudados por remela, não abrem na hora exata. Coisas assim...

Chacoalhei o despertador. Não ouvi o tique-taque dos ponteiros. Ele tinha parado! Hum... Aquilo não era bom sinal. Fiquei na dúvida quanto ao que fazer. Sabia o que poderia ver se olhasse antes da meia-noite. E era isso que eu precisava evitar a qualquer custo. Se olhasse à meia-noite exata, ia ver aquilo que desejava ver, e que também seria assustador, mas era o que eu desejava. No entanto, as instruções não diziam o que aconteceria se eu olhasse depois. Pelos meus cálculos, já tinha passado da meia-noite. De concreto eu sabia que o despertador havia emperrado, por *fatores alheios* — igualzinho dizia no livro. Eu tinha perdido a vez. Agora havia dois caminhos a seguir: abrir os olhos ou não abrir.

Se abrisse, poderia desvendar um mistério que, de tão obscuro, não estava nem nas instruções. Ninguém, na escola inteira, sabia o que acontecia se você abrisse os olhos depois. De todas as minhas colegas da escola, nunca ninguém comentou qual era a punição por atraso. Eu sabia de vários castigos por ter olhado antes. Camila Moreira dos Santos nunca mais dormiu de luz apagada depois de ter olhado quinze segundos antes. Agora, se sente vontade de ir ao banheiro no meio da noite, tem de esperar o dia amanhecer. Chega a ficar com dor de barriga, mas não se arrisca a ver de novo. Pensando assim, minha situação até que não era tão ruim. O que a gente vê depois não é o mesmo que se vê antes. Eu só não sabia se era melhor ou pior. Isso não importava. Se eu descobrisse o que acontece depois, poderia contar para a escola inteira e todo mundo acreditaria, pois ninguém teria provas para me contradizer. Mas havia um risco: esta era uma situação única. As regras eram claras quanto a não tentar duas vezes. Na segunda vez a pessoa corre risco de morte. O que eu fazia naquele banheiro, naquela noite, nunca mais poderia ser feito em condições seguras. Eu tinha falhado. A essa altura já devia ser meia-noite e meia. Comecei a ficar deprimida. Teria de morrer e reencarnar se quisesse tentar novamente. Agora tudo que eu tinha era o relato das minhas amigas, no qual não acreditava. Arrisquei a visão do meu futuro num despertador barato de coreano, comprado na feira por sete reais. Bem-feito pra mim. Se eu fosse uma sacerdotisa de verdade, não usaria um despertador de plástico barato. Fiz por merecer... A cera das velas já devia estar grudando no tapetinho. Ainda mais essa! Eu teria de arrancar a cera seca antes que minha mãe acordasse. Agora eu só queria voltar a dormir. Aquela vida não tinha mais importância. Eu havia me tornado uma mortal comum, sem ideia do que seria de mim no futuro. Por isso abri os olhos e nem olhei.

10. Minas e energia

Débora era minha melhor amiga. Não entendo por que eu era tão cruel com ela. De uma maneira bem enviesada, pensava que estava lhe fazendo um favor. Para que, no futuro, ela fosse menos tonta.

Certa vez, eu lhe perguntei se ela tinha certeza de que o mundo existe enquanto não estamos olhando. Ela tinha acabado de chegar em casa. Ia passar a tarde comigo, brincando de boneca. Ela respondeu que não tinha entendido a pergunta.

Falei que faria uma demonstração. Sairia da sala e a deixaria ali sozinha. Assim ela não teria mais como saber se eu ainda existia, de fato. Saí da sala. Depois de um tempo Débora gritou por mim. Não respondi. Ela gritou novamente e reclamou que aquela brincadeira não tinha graça. Falou que se eu continuasse com aquilo ela ia embora para nunca mais voltar. Permaneci calada. Quando achei que tinha dado o tempo certo, voltei.

— Viu? — perguntei.

— Vi o quê?

— Não dá pra ter certeza. Por exemplo, você sabe dizer onde está a sua mãe nesse minuto?

— No consultório.

— Quando foi a última vez que você viu sua mãe?

— Quando ela me deixou aqui.

— Então talvez ela só tenha virado a esquina e ainda esteja lá, esperando.

— Mentira sua.

— O presidente do Brasil também. Talvez ele fique parado, e quando a gente liga a televisão ele aparece.

Débora ficou com medo. Ela não queria acreditar na possibilidade de o mundo existir apenas quando nós olhássemos. Para mim, não tinha importância. A única coisa que me chateava é que, por saber que o mundo só existe quando eu olho, sentia-me só. Eu realmente desejava que minha mãe, meu pai e todas as outras pessoas tivessem vida própria. Queria que vivessem, mesmo que eu não precisasse deles. Era um fardo saber que, enquanto eu conversava com Débora, todas as outras pessoas ficavam paradas em seus lugares, aguardando o momento de se materializar no meu mundo.

Eu ainda não acredito que o Ministro das Minas e Energia, por exemplo, esteja de fato existindo por conta própria num sábado de manhã, quando ninguém está olhando. Outro dia ele fez um pronunciamento na televisão. Estava nervoso, mas eu não entendi por quê. Foi a última vez que tive notícia dele. Que culpa tenho eu se "Minas e Energia" é um assunto que não me interessa de jeito nenhum?

II.
Psicologia
infantil

A mãe da Débora era psiquiatra. Um dia, quando acrescentei três colheres de açúcar ao chocolate em pó, ela disse que não precisava. Virou o rótulo e apontou para um texto que dizia que o produto já era açucarado.

Bem, pelo menos eu não atropelava as bicicletas das crianças da rua, como ela fazia quando estava atrasada para uma consulta com seus pacientes e passava com o carro por cima das nossas bicicletas. Depois botava a cabeça para fora do carro e nos xingava. Eu tampouco tinha um filho que guardava uma cobra morta dentro de um vidro de maionese, coisa que ela tinha. Além do mais, eu tinha onze anos de idade, coisa que ela nunca mais teria. Eu não precisava passar a tarde ouvindo pessoas estranhas falando sobre suas crises. Minha única obrigação era uma redação para a aula de Português, coisa que já havia feito. A minha e a da Débora, que era péssima em redação. Por isso acrescentei mais três colheres de açúcar ao meu chocolate em pó já açucarado. Ela tirou o copo da minha frente.

— Que loucura é essa? — perguntou.

— Neurose? — respondi.

— Vou ligar pra sua mãe agora mesmo — disse a psiquiatra.

Os olhos da Débora se encheram de lágrimas. Os meus também. Choramos juntas. Foi comovente. Aos onze anos eu tinha o fantástico dom de conseguir chorar quando bem entendesse. Era tão simples quanto virar uma pirueta.

— Parem já com isso!

Estávamos aos prantos, agarradas uma à outra. A psiquiatra atrasada não encontrava a agenda com o telefone da minha mãe.

— Qual o seu telefone?

Dei o telefone errado, mas por um número apenas. Troquei o seis pelo três.

— Repete o número.

— Por favor...

— Fala logo o número da sua casa, menina!

Ela não podia bater em mim. Eu contaria para a minha mãe e ela perderia todos os pacientes. Resolvi que ia esperar até que ela pedisse com educação.

Só estava fazendo o que ela teria feito comigo, se os papéis estivessem invertidos. No fim, cedi porque fiquei com dó da Débora. Ela implorou para que eu não irritasse a mãe. Dei o número verdadeiro, apesar da sua mãe não ter pedido "por favor". Engoli um monte de ar e falei o número entre soluços convulsivos.

Minha mãe pediu para falar comigo. Alcancei o telefone, tomando cuidado para manter a maior distância possível da mãe da Débora. Minha mãe perguntou se estava tudo bem e eu pedi pelo amor de Deus para que fosse me buscar. Expliquei que não podia falar, mas precisava ir embora dali imediatamente.

— Ela já está a caminho?

Fiz que sim, enquanto enxugava as lágrimas. Débora me puxou pela mão e voltamos para a nossa casinha. O feijão estava queimando e nossos filhos tinham acordado. Assim que abrimos a porta de casa, ouvimos um baque seco.

— Débora, acho que sua filha caiu do berço.

— Por que tem de ser a filha dela e não a sua? — perguntou a psiquiatra.

Ela gostava de fazer joguinhos desse tipo.

— Porque a minha já tem quatro anos e não dorme em berço.

A psiquiatra pegou as chaves do carro. Débora correu para acudir a filha. Eu continuei ali, mas a psiquiatra não olhava mais para mim.

— Débora, vem dar um beijo na mãe! — ela gritou, já à porta.

Enquanto Débora se despedia da mãe, fiquei segurando sua filha. Fiz um carinho no bebê.

— Débora, acho melhor levar pro hospital. Repara nos olhos dela.

Deslizei a mão em frente ao rostinho do bebê. Seus olhos não acompanharam. De duas uma: ou tinha ficado cega ou sofrido uma lesão cerebral. Débora entendeu o mesmo que eu e corremos para o hospital.

A psiquiatra bateu a porta sem nem se despedir de nós, ou da neta.

12. Periquito verde e as pequenas psicopatas

Sempre que eu estava com Débora, tragédias aconteciam. Nesse dia aconteceu um incêndio no prédio da frente.

Sentadas na calçada oposta, fornecíamos informações aos curiosos. Dávamos a contagem dos corpos e qualquer outro detalhe que quisessem saber. Acho que nesse dia nós matamos umas quatro famílias, dois cachorros, um bebê, uma senhora de oitenta anos que vivia sozinha e dez peixes. Só não matamos gatos porque ficamos com medo da retaliação. Débora tinha trauma de gato. Não chegava perto dos vivos, e muito menos dos desencarnados. Quando sugeri que uma gata prenha tivesse morrido, ela tapou minha boca. Impediu que eu concluísse a frase.

— Não, a gata prenha escapou, lembra? Ela pulou pela janela.

— Ah, é... Engano meu. A gata prenha escapou.

No fim da tarde, depois que nos cansamos da chacina e voltamos para casa, encontramos o periquito verde da mãe da Débora estirado no chão da gaiola. Morto. Foram quarenta minutos de histeria e a pergunta:

— E agora? O que vamos fazer?

O periquito azul, vivo, não podia continuar no mesmo ambiente do cadáver do ex-companheiro. Débora pediu que eu tirasse o morto da gaiola.

— Tira você — respondi.

— Não consigo. Tira você.

Tirei. Embrulhei o bicho numa folha de papel alumínio e guardei no freezer, para a mãe da Débora decidir o que fazer, quando voltasse do consultório. Nunca me senti tão sensata na vida: alumínio e freezer.

Confesso que fiquei chocada quando, horas depois, tive de ouvir um sermão sobre a mentalidade dos psicopatas.

13.
Os Cristos de Ana Paula

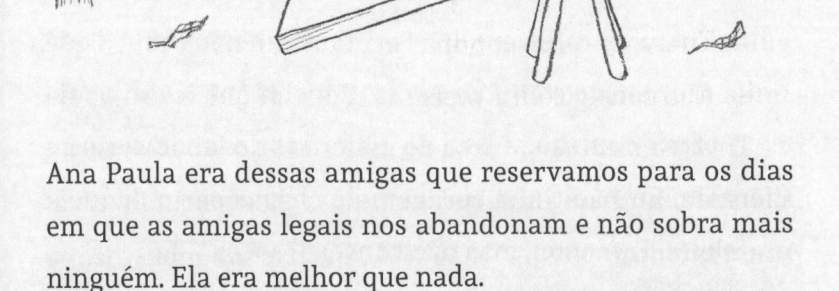

Ana Paula era dessas amigas que reservamos para os dias em que as amigas legais nos abandonam e não sobra mais ninguém. Ela era melhor que nada.

O problema é que Ana Paula via coisas. Jesus Cristo, por exemplo.

Isso sempre me estressava. Então desenvolvi um truque. Fazia de tudo para manter a conversa animada. Assim Ana Paula não começaria a devanear, olhar para o horizonte e ver coisas. Quando ela via, seu maxilar afrouxava e seu olhar petrificava num ponto distante. Era um saco. Meu medo era olhar na mesma direção e ver também. Eu não queria ver nada.

Lembro dos olhos azuis da Ana Paula se enchendo de lágrimas e seu suspiro:

— Oh! Ele está tão lindo hoje!

Nunca perguntei, mas tinha a impressão de que cada dia Ele aparecia com uma cara diferente.

Também nunca mandei Ana Paula ir catar coquinho. Disso eu me arrependo. Enquanto ela via, eu ficava ali plantada, feito uma pata-choca, fingindo que nada estava acontecendo. Esperava a visão evaporar e Ana Paula voltar ao planeta Terra.

Vira e mexe ela ia para a enfermaria, depois era dispensada. Até o dia em que Ana Paula mudou de escola. No meio da semana, no meio do ano, sem explicação. Cheguei a perguntar para a professora, mas ela também não sabia o que tinha acontecido com Ana Paula. Concluí que ela só podia estar presa num dos vidros de maionese do laboratório de Ciências. Eu não tinha coragem de chegar perto daquela prateleira. Lamentei, mas não consegui socorrê-la.

Depois que se foi, passei por um período de muito medo, principalmente quando eu passava pela árvore onde os Cristos apareciam para ela.

Temia que aparecessem para mim também. Visto de cima, tínhamos o cabelo meio parecido.

14. A biblioteca silenciosa

A biblioteca era o segundo lugar mais sagrado da escola. O primeiro era a capela sombria. Não chegava a ser um lugar proibido. Éramos até estimulados a frequentá-la, contanto que tivéssemos boas intenções. Durante nossa primeira visita na condição de leitores, a bibliotecária enfatizou bem a questão das normas de comportamento. Disse que ali estava reunido todo o conhecimento da humanidade, que poderia ser usado para o bem ou para o mal. Cabia a ela nos orientar nesse aspecto. Livros são munição para o pensamento, ela nos alertou.

— Escolha-os bem.

Na época, meu pensamento estava direcionado para coisas do submundo. Ana Paula tinha acabado de virar compota, e eu mesma me sentia insegura em relação ao futuro.

Nossa escola era administrada por freiras. Os livros que me interessavam não poderiam ter passado por aqueles portões, quanto menos encontrado lugar naquelas estantes. Caso tivessem, dificilmente eu teria permissão para ler. Mesmo assim, segui a bibliotecária e meus quatro colegas.

As expedições à biblioteca não podiam ultrapassar cinco alunos por vez: essa era a primeira regra. A outra era que não podíamos fazer barulho. A exceção a isso se dava somente quando estivéssemos ao balcão de empréstimo e devolução. Ali era o lugar adequado para nos dirigirmos à bibliotecária e informar o título e autor do livro que buscávamos. Caso não soubéssemos, poderíamos explicar, em voz baixa, o assunto. Como meu assunto era indizível, teria de me contentar com mais um Monteiro Lobato. Nada contra a turma do Sítio. Eu simpatizava com eles, e vinha acompanhando suas peripécias há anos, mas sabia que criatura alguma daquele universo chegaria aos pés do Minotauro, e este eu já tinha decifrado.

Lembro que me arrastava por um corredor da seção policial, quando um título atraiu meus olhos. Reli três vezes as palavras: *O Escaravelho do Diabo*. Folheei. *Assassinato, morto, inexplicável, pânico.* Apertei o livro contra o peito, sem saber o que fazer. Minha única saída era devolvê-lo e fingir que não tinha visto. Seria melhor para mim. Jamais permitiriam que eu saísse dali com o escaravelho do diabo.

Abri-o novamente. O cartão colado na contracapa mostrava uma lista iniciada em abril de 1982. Desde então, alunos vinham retirando o livro, ano após ano. Alunos que não estavam mais conosco, que já haviam deixado a escola e cujos destinos eu só podia especular. Alunos que se foram, para lugares inimagináveis.

O nome da autora não me dizia coisa alguma. Lúcia Machado de Almeida; uma incógnita, um pseudônimo — talvez. Um romance policial ambientado na cidade de Vista Alegre. *Uma pacata cidade se encontra sob ataque de um inseto* — era o que a tal Lúcia tinha a dizer sobre o livro. Pois ela que me desculpasse, mas a questão era outra. Entre as centenas de livros da biblioteca, *O Escaravelho do Diabo* foi despretensiosamente inserido ali, para quem quisesse ler. A diretora da escola tinha conhecimento disso e por algum motivo quis que o livro chegasse às minhas mãos.

Fui até o balcão de empréstimo e devolução. Sem dizer uma palavra, entreguei o livro para a bibliotecária. Ela transpôs dados da minha ficha para o livro e vice-versa. Bateu o dedo indicador na capa, precisamente sobre a palavra que ambas tínhamos em mente. Percebi, pelo som seco da batida, que sua unha era bem dura.

— Boa escolha — disse, e deu uma piscadinha com o olho esquerdo.

Aquela era a última aula. Ouvi soar o sinal das cinco da tarde, mas a bibliotecária não se mexeu, não disse uma palavra sobre a possibilidade de eu perder a perua ou ficar trancada dentro da escola, a noite inteira, sozinha, eu e o livro maldito. Olhei à minha volta. Ninguém por perto. A biblioteca estava vazia. A porta de saída ficava longe, no outro canto da sala. Meti o livro debaixo da camiseta e corri o mais rápido que pude.

Foi assim que começou minha vida de leitora. No final do ano eu era conhecida por ser a aluna mais assídua da biblioteca. Meus pais ficaram orgulhosos de mim. Eu só não entendi por quê. Não achei que minhas leituras estivessem me tornando uma pessoa melhor. Ao contrário. Eram substrato para as minhocas da minha cabeça.

15. O coelho que não era urso

Ao completar onze anos de idade eu ganhei um coelho de pelúcia.

— Mas eu queria um urso!

O coelho baixou as orelhas. Fez carinha de choro.

Eu tinha carneiros, macacos, araras, cobras, vacas e centopeias de pelúcia. Mas urso que é bom, nunca ganhei. Botei o coelho em cima do armário, entre o macaco e a vaca, e me conformei.

Quem sabe, quando eu começasse a namorar, ganharia um ursinho do meu primeiro namorado. Já não faria parte da minha infância, que é o certo, mas pelo menos chegaria, antes que fosse tarde demais.

— Fica aí — eu disse.

— Eu te odeio — ele respondeu.

Dia a dia eu sentia o ódio do coelho aumentando, borbulhando, até virar ódio mortal. Chegou a um ponto em que tive de começar a trancá-lo no banheiro antes de ir dormir, pois à noite seus olhos ficavam vermelhos e ele pulava no meu travesseiro. Tentava me estrangular. Dizia que eu era uma ingrata. Acusava-me de não respeitá-lo. Eu gritava de volta. Argumentava que daquele jeito ele não tinha a menor chance de conquistar o meu amor. Atirava-o contra a parede. O coelho chorava. Falava que eu era mimada e horrorosa. Dizia que o mundo estava cheio de criancinhas que adorariam ter um coelho igual a ele. Eu não estava nem aí. Respondia que, se era isso que ele queria, eu podia despachá-lo para uma criancinha etíope. Ele me mandava calar a boca.

O que eu podia fazer? Ele era apenas um pelúcia. Não conseguia levá-lo a sério.

O curioso é que, de todos os bichos, foi o que mais durou. Agora está velho, encardido e caolho. Fica sentado em cima do armário do meu escritório. Parece ter se conformado comigo. Deixou de me atacar, apenas resmunga de vez em quando:

— Você podia ao menos contar uma história a meu respeito, no meio desse besteirol que você fica escrevendo aí.

Então aqui vai: *Para o meu querido coelho raivoso.*

16.
Cavalos-marinhos e pelos pubianos

Quando surgiram os primeiros pelos pubianos pensei: *hum... devo estar mudando de sexo.*

Saí do banho e fui assistir à novela. Na hora do intervalo pensei: *como informar meus pais?*

Na hora do jantar pensei melhor: ah, deve ser uma coisa natural. Eles vão perceber. Eu só tinha uma certeza, estava passando por transformações.

Na escola falava-se muito sobre as tais transformações da puberdade. Era isso! Dentro de algumas semanas eu seria menino. Ok.

Na semana anterior eu tinha assistido a um documentário sobre cavalos-marinhos. Eles também mudam de sexo, e o macho engravida. Isso sem falar nos escargôs, que são macho e fêmea ao mesmo tempo, sendo que eles distribuem os ovos. Cada um desova metade. Além do mais, se estava acontecendo comigo, supus que estivesse acontecendo com os meus colegas também. Ao que tudo indicava, até o fim do ano todo mundo teria mudado.

A professora havia falado: "Tem coisas nessa vida que vocês nem imaginam...".

Ela só não fazia ideia de quão desenfreada era a minha imaginação nessa época.

ADULTICE

17. A minhoca da tequila

Engoli.

Sabia que se engolisse seria considerada corajosa, ousada, destemida, sensual, *sexy*, poderosa e moderna. Ah, e arrojada também. Eu tinha vinte e três anos e estava longe de ser qualquer uma dessas coisas. Portanto, sim, engoli.

Meu único medo era ter uma disenteria ali mesmo, no balcão do bar, e ter de correr para o banheiro, o que prejudicaria a recém-conquistada fama de corajosa, ousada, destemida, sensual e *sexy*. Também não podia pedir água. Agora que eu tinha engolido a minhoca da tequila, nunca mais beberia algo tão prosaico quanto água. Agora eu era *sexy*.

— Entonces? — perguntou o *barman*.

Ergui uma sobrancelha, dando a entender que aquilo era café pequeno, pois no lugar de onde eu vinha as pessoas comiam escorpiões no palitinho.

O que aconteceu daí em diante é um pouco nebuloso. Só lembro que na manhã seguinte eu não me sentia nada corajosa, ousada, destemida, sensual, *sexy*, poderosa ou coisa alguma.

Sentia-me como uma comedora de minhocas: algo entre um frango e um peixe.

18.
O pintinho
e o analista

Um dos motivos por que resisti a fazer terapia é por saber que lá pelas tantas o analista perguntaria:

— Qual a sua primeira memória de infância?

Estaria pagando os olhos da cara. Por isso me sentiria na obrigação de dizer a verdade. Mas como é que se diz: "Sou eu correndo atrás de um pinto", sem abrir espaço para as interpretações mais estapafúrdias?

Era um desses pintinhos amarelos de feira. Naquela época, crianças ganhavam pintos quando iam à feira com suas mães. Seu nome era José, e quando busco minha lembrança mais remota é esse pinto que encontro. José correndo pela escada de incêndio, e eu atrás, chamando por ele. José some e eu volto para casa sem o pinto.

Aposto que o analista faria um barulhinho do tipo:

— A-hã...

E sei que isso me irritaria profundamente. Eu acabaria tentando me explicar melhor, o que só pioraria a situação.

Por isso, não. Nada de terapia.

Em vez de falar, optei por despejar tudo no papel, numa linguagem mais ou menos literária.

19. Dálmatas e casamentos

Aos vinte e três anos, Débora estava no terceiro marido. Era um norueguês legítimo. Nem português falava direito, o que não significa que Débora falasse norueguês. Mas de alguma maneira eles se entendiam. Certo dia ela me convenceu a ir jantar na casa deles.

Durante os anos de faculdade, nós tínhamos perdido contato. Havia mais de dez anos que eu não falava com Débora. Através de uma amiga em comum, fiquei sabendo que ela havia passado por um período complicado. Teve síndrome do pânico. Isso, enquanto cursava Psiquiatria. Achei até coerente.

Quando soube disso, podia ter telefonado, mandado um e-mail. Não consegui. Não encontrei o que dizer. Apenas lembrei da minha crueldade, quando criança, e fiz o melhor possível para me convencer de que não tive culpa alguma.

Por isso, quando toquei a campainha da casa da Débora, agora casada e adulta, eu estava um pouco tensa. Um dálmata pulou em cima de mim. Cumprimentei-o. Ela explicou que o norueguês já ia se juntar a nós.

Jantamos em duplas. De um lado da mesa, Débora e o norueguês. Do outro, o dálmata e eu.

Débora e o norueguês comiam do mesmo prato. Aproveitei que o marido não falava português e perguntei:

— Você não se incomoda de comer do mesmo prato que ele?

Débora respondeu que achava aquilo a coisa mais romântica do mundo, e que eu não entenderia. O dálmata, pelo menos, tinha sua tigelinha, que ficou ao lado do meu prato.

Depois do jantar fomos para a sala e continuamos conversando. O norueguês parecia um anjo. Pousou a cabeça no colo da Débora. O dálmata se deitou aos meus pés.

Agora Débora era psiquiatra, igual à mãe. Tinha um consultório.

Eu era um embrião de escritora. Ainda não tinha nenhum livro publicado e fazia todo tipo de bico para pagar as contas. Na semana anterior, por exemplo, eu tinha sido Mickey, mas preferi não tocar nesse assunto.

Embora me sentisse sã, fiquei com a impressão de que o jogo podia virar a qualquer segundo.

Com o avançar da noite, Débora ia se assemelhando mais e mais à sua mãe. Eu, com a criança nefasta que ela conheceu tão bem.

Ao me despedir, decidi que ainda não era possível retomar a amizade. Seria melhor que nós duas envelhecêssemos um pouco mais, para o nosso próprio bem.

20.

Amores perros

Estava me despedindo de Débora quando ela me entregou o folheto de uma palestra esotérica. Agradeci, guardei o folheto na agenda e esqueci o assunto.

Dias depois reli o texto explicativo. Eu estava precisando de ideias para as minhas histórias. O endereço era pertinho de casa. Eu tinha a tarde livre, o evento era grátis. Poderia me sentar na última fileira e sair de fininho. Fui.

No palco, uma mulher de bata falava sobre o Poder do Amor. Tudo bem. Pelo menos não pediu que nos abraçássemos e cantássemos. Durante a primeira meia hora fiquei encolhida na última fileira, hesitante entre deixar a sala e continuar, só para testemunhar o tal Poder do Amor. A mulher, uma americana, iniciou a palestra dizendo que faria demonstrações práticas. Logo imaginei cadeiras voando.

Ela pediu para fecharmos os olhos e pensarmos na pessoa que mais amávamos no mundo.

Uma senhora na primeira fileira levantou a mão.

— Pode ser cachorro?

Outros reforçaram a pergunta:

— Ou gato?

A palestrante, compreensiva, optou pela inclusão de animais. Foi nesse ponto que resolvi ficar até o fim. Depois disso pouco me interessava o Poder do Amor. Passei o resto da palestra tentando descobrir quem ali havia trocado o marido pelo cachorro, ou a mãe pelo gato.

21. Cabeça de pinguim

Era um dia cinzento. Eu passeava sozinha numa praia de Ilhabela, quando encontrei um pinguim decapitado. Chutei de levinho. Ele tombou de barriga para cima e — confirmado — um pinguim.

Isso aconteceu na mesma semana em que comecei a escrever um romance narrado por um pinguim. Fiquei maravilhada com a coincidência. Na hora entendi direitinho o que aquilo significava.

Eu precisava encontrar a cabeça do bicho. Não podia estar longe. Comecei a cavoucar aqui e ali com um pedaço de pau. Depois de um bom tempo, não tendo achado cabeça alguma, considerei ligar para o Ibama e informar o caso. Certamente pediriam explicações. Eu teria de dizer que, quando o encontrei, já estava daquele jeito. Eles não acreditariam.

Começava a trovoar e a praia estava deserta.

Botei o pinguim em pé e o acomodei no vão entre as pedras. Notei então que ele tinha uma tornozeleira de metal com um código. Era monitorado. Se ao menos eu encontrasse uma bola para colocar no lugar da cabeça...

Mergulhei seu corpinho na água, para lavar a areia. Lamentei não ter um bloquinho comigo. Se tivesse, poderia escrever um bilhete de suicídio. Continuei procurando formas esféricas. Encontrei uma lata de refrigerante e foi com a lata mesmo. Ficou interessante. Parecia arte contemporânea. Quando senti as primeiras gotas de chuva, deixei o pinguim apoiado contra as pedras e voltei para a pousada, onde meu namorado esperava por mim.

Ele era boa pessoa, o namorado. Quinze dias antes, havia me dado um urso de pelúcia branco com gravata borboleta. Quando abri o embrulho, não entendi nada. O urso de pelúcia com que sonhei a vida toda devia ser marrom, e sem gravata. Imaginei a cara do meu coelho raivoso, certamente se dobrando de rir com a minha frustração.

Fingi que adorei e até comentei que eu tinha essa antiga frustração por nunca ter ganhado um ursinho de pelúcia.

Mas... branco?

E de gravata?

Tive o bom senso de não reclamar. O importante era a intenção. Além do que, eu tinha o péssimo hábito de terminar meus namoros pelos motivos mais banais. Eu queria parar com isso.

No caminho de volta para a pousada, pensei em como ia relatar o estranho episódio do pinguim decapitado para meu namorado.

— Você não vai acreditar no que aconteceu comigo!

Ele bocejou, estalou o pescoço e respondeu com um "hã..."

E esse foi o fim do namoro.

22.

O peixe dele

Dias antes eu havia me desentendido com o peixe dele.

Era um peixinho dourado. Vivia num aquário oval, na mesinha da sala, ao lado do sofá. Eu preferia nem olhar para o peixe. Achava sua vida tão besta, preso naquele aquário, girando feito tonto.

Sempre que ia à casa do meu namorado, tentava não dar atenção àquilo. Eu ligava a televisão. O peixe poderia assistir à tevê comigo, se quisesse, mas ele era *blasé* demais para isso.

Certo dia, o peixe e eu estávamos sozinhos na sala, quando ele se atirou para fora do aquário. Caiu no tapete felpudo. Afundou.

— Seu peixe pulou pra fora! — gritei.

O dono do peixe estava no banho e gritou de volta.

— PEGA ELE!

— NÃO CONSIGO! TENHO NOJO!

— PEGA ELE PRA MIM!!!

Dei um tempinho e insisti:

— É SÉRIO! NÃO CONSIGO!

O dono apareceu enrolado numa toalha. Apalpou o tapete. A expressão no seu rosto era uma mistura de espanto e consternação.

Eu não queria ter filhos. Havia explicado isso a ele mil vezes antes, mas somente nesse dia ele percebeu que, realmente, eu não estava blefando.

23. Sensação de morango

Em compensação, eu tinha uma gata.

Chamava-se Valentina. Ela também não simpatizava com o dono do peixe. Valentina o ignorava da mesma maneira que eu ignorava o peixe dele.

Certa vez, eu estava comendo Sensação de Morango, quando Valentina atravessou a sala com um andar estranho. Ela se arrastava, esfregando-se no tapete. Continuei comendo meu chocolate. Notei, então, o motivo. Ela tentava se desfazer de um pedaço de bosta grudado debaixo do rabo.

No instante seguinte, sem que desse por mim, corri para o banheiro, peguei um pedaço de papel higiênico e fiz o que tinha de fazer: puxei. Tudo isso enquanto segui mastigando o pedaço de chocolate. Foi tranquilo, sem nojo, sem crise. Lavei as mãos e continuei comendo Sensação de Morango.

Até hoje, quando mulheres mencionam o tal instinto maternal, imagino que deva ser algo assim.

24. Sensação de lagartixa

Eu tinha esperança de que, com o passar do tempo, eu superaria minha dificuldade de comunicação. Em alguns aspectos isso aconteceu. Com vinte e três anos eu já não tinha ataques de minhoqueira cada vez que me sentia frustrada.

Agora os ataques aconteciam enquanto eu dormia.

O mais recorrente era a "Sensação de lagartixa".

Sempre começava com uma discussão. Com um editor, um jornalista, um crítico literário, o síndico ou o revisor de textos. No meio da discussão eu arrancava minha própria língua e a atirava longe. Ela caía no ralo da pia e entalava. Então eu percebia que, ao contrário das lagartixas, isso seria um problema, pois não existe implante de língua. Enfiava os dedos no ralo para tentar pegá-la de volta, mas ela não obedecia.

Nesse ponto do sonho eu sentia os dois: a boca sem língua, que parecia um grande oco, e a língua estrebuchando no ralo da pia. A terceira sensação era de ânsia de vômito. Mas, como eu já não tinha língua, não poderia vomitar, pois engasgaria e morreria tentando vomitar sobre minha própria língua.

Desde então tenho uma certeza: as lagartixas sentem o rabo estrebuchando no outro canto da sala.

25.

As partes removíveis do corpo

Valentina era presença constante em meus sonhos. Graças a ela, comecei a desenvolver o conceito das partes removíveis. Isso porque, toda vez que ela invadia o roteiro dos meus sonhos, não se apresentava de corpo inteiro, mas apenas como uma cabeça flutuante. Eu tinha uma teoria para isso. Valentina costumava dormir aos meus pés. Portanto, inconscientemente eu sentia suas costas quentinhas pressionando a sola do meu pé durante o sono. E, se ela estava ali, não poderia estar no sonho ao mesmo tempo. Daí a decapitação. Era um modo de manter a coerência e justificar o fato de ela estar em dois lugares ao mesmo tempo.

No mundo dos sonhos a cabeça flutuante de Valentina costumava me acompanhar para onde quer que eu fosse. Era como Ideiafix nas aventuras do Asterix. Outra explicação é que gatos detestam sair de casa. Na sua sabedoria felina, Valentina deve ter concordado em me acompanhar em sonhos, contanto que seu corpo permanecesse bem quentinho, entre os cobertores.

Nem sempre foi assim. Quando eu era criança, e a gata era outra, as regras da casa também eram diferentes. Não era permitido gato em cima da cama. Minha velha gata branca passava a noite passeando por telhados e sabe-se lá onde mais. Eu achava que só em desenho animado as meninas conseguiam dormir com um gato felpudo embolado nos pés. Na época eu não imaginava que algum dia isso poderia acontecer na minha vida. Na época eu não acreditava que um dia eu me tornaria adulta e teria minha própria casa, com as minhas regras. Uma casa onde meus pais não estariam dormindo no quarto ao final do corredor. Um futuro assim seria puro delírio.

Mas algo aconteceu e — plim! — sou adulta com uma gata simultaneamente dentro dos meus sonhos e aos meus pés.

Mas, voltando à proposta das partes removíveis do corpo, a remoção das orelhas traria um bem imensurável à humanidade. Eu, por exemplo, só colocaria orelhas para ir ao cinema. No resto do tempo, andaria sem. Remoção de bocas seria ótimo para quem deseja emagrecer. A remoção dos olhos durante certas cenas de filmes de terror seria uma bênção. A operação é bastante simples. Para tirar o membro basta puxar. Quando não está em uso, o membro fica guardado na geladeira. Para recolocar é só esfregar na área a que pertence.

26.

Deslocamento de alma

Uma das melhores coisas que aprendi com Mickey Mouse é que eu podia ser uma alma dentro de um corpo.

O trabalho era simples. Eu só precisava vestir o cabeção, a roupa de pelúcia e ir ao encontro das crianças. Elas me amavam. Apontavam e gritavam:

— É o Mickey!

E puxavam meu rabo.

Mas havia dias em que eu não era Mickey. Era apenas eu mesma, lá dentro.

Nesses dias eu não incorporava. Ninguém percebia. Só fazia diferença para mim. Para elas, continuava sendo o Mickey. Elas apontavam e gritavam:

— É o Mickey!

E puxavam o rabo da minha fantasia.

Aprendi o truque. Agora, tem dias em que saio na rua com a alma ligeiramente deslocada do corpo. As pessoas falam comigo e nem reparam.

Consigo fazer tudo o que preciso. Ando, passo no caixa eletrônico, compro verduras. É bem relaxante. O corpo faz essas coisas sozinho e a alma segue voando um pouquinho acima da cabeça.

27.
Livros pompom

No começo eu acreditava em coisas como "faixa etária". Achava que minha vida seria muito mais simples se eu conseguisse identificar a idade do meu leitor. Sabendo a idade do leitor, eu escreveria de acordo. Claro que, na prática, isso nunca funcionou. Mas durante um tempo eu insisti. Ia às livrarias, visitava a seção de livros infantis e tentava aprender "como é que se faz".

Sempre que me deparava com livros que soltam gritinhos e têm pelúcia na capa, eu me perguntava:

— Por que não escrevo coisas assim, fico rica e viajo o mundo?

Buscando responder a essa pergunta, criei um sistema de leitura para livrinhos desse tipo.

Antes de ler suas cinco páginas de texto, primeiro considerava o que eu teria feito. Vamos examinar o caso de *Bia, a abelha*, por exemplo. A minha Bia, a abelha, seria:

1) Na verdade um coelho que nasceu num corpo de abelha, mas, por ter natureza de roedor, rói o caule das plantas e é expulsa da colmeia.

2) Uma abelha que foge por não concordar com os caprichos da rainha e começa uma sociedade alternativa, que não dá certo porque ninguém trabalha, só ficam tocando violão em volta da fogueira.

3) Uma abelha que tem um zumbido no cérebro, acaba se perdendo na floresta e se infiltra em outra colmeia, onde as regras são diferentes.

Então eu abria o *Bia, a abelha* oficial. O que eu deveria ter escrito, para ficar rica e viajar o mundo, é a história de uma abelha que não sabia que para chegar às flores ela tinha de voar. A tonta escalava. Para o desfecho eu teria de criar uma joaninha caridosa que explica à Bia que ela devia bater as asas. Pronto, final feliz.

28.

Namorado e medo de piolho

Livro não vende. Não vende porque as pessoas não leem. E assim ia, num mantra sem fim, reforçando a máxima de que no Brasil ninguém lê. Certo dia resolvi tomar uma providência. Procurei uma creche e pedi que me dessem uma turma de Jardim.

Deram-me a turma. Doze pessoinhas entre quatro e cinco anos. Analfabetos de tudo, do jeito que eu queria. Comecei a ler para eles. Toda semana eu levava uma pilha de livros, fazíamos uma roda e passávamos as tardes assim; eu lendo e eles prestando atenção. De tão curiosos, nem piscavam. Foi comovente. Ao final do período eu ia embora feliz, com a certeza de que estavam pegando gosto pela coisa.

— Você não tem medo de pegar piolho? — meu namorado perguntou um dia.

Corta.

Seis meses depois, uma vez por semana eu continuava me encontrando com a turminha. No final da sessão de leitura eles pulavam em cima de mim, me abraçavam e me cobriam de beijos. Nunca peguei um piolhinho sequer. Já o namorado foi dispensado há tempo.

29.
Os vãos
dos tijolos

Eu morava no térreo. Era um apartamento antiquíssimo, caindo aos pedaços, mas tinha lá o seu charme. No fundo havia um pequeno terraço com um muro vazado.

Cada tijolo tinha 16 quadradinhos. Isso era uma coisa. A outra coisa é que eu nunca tive coragem de jogar fora meus vidrinhos de perfume. Depois que o perfume acabava, eu guardava o vidrinho na gaveta das calcinhas ou no fundo do armário.

Aos vinte e três anos eu tinha uma bela coleção de vidrinhos.

Certo dia tive a ideia de instalar os vidrinhos nos vãos dos tijolos. Ficou gracioso. Mas, para dar um colorido especial, preenchi cada vidrinho com um fio de lã, de diferentes cores.

Cada tijolo comportava 16 vidrinhos, um por quadrado. O muro era composto de 40 colunas e 5 filas. Cada coluna tinha 5 tijolos. Isso dava 200 tijolos, sendo que para concluir a instalação eu precisaria de 3.200 vidrinhos de perfume. Era trabalho para a vida toda. Mas eu não tinha pressa. Decidi que, enquanto não preenchesse o último quadradinho, não poderia me mudar dali.

Conto tudo isso como pano de fundo para um episódio que vivi então.

Eu estava trabalhando num conto quando o Assistente do Lavador de Paredes bateu na minha porta. Levei um susto. Ele me estendeu o boné. Estava cheio de vidrinhos. Minha cara deve ter sido péssima, pois ele logo começou a se explicar:

— Se não tirasse, iam cair e a água ia levar embora.

— Tudo bem. Depois coloco de volta.

— Tem uns que não quiseram sair.

— Eu sei. Tem uns que não saem mesmo.

— Por que a senhora grudou alguns e outros não?

— Quando encontram o compartimento definitivo, eu grudo. Os soltos são os que ainda estão em período de teste.

— Gostei da maneira como a senhora agrupou por cores.

— Obrigada.

— Deixou o conjunto mais harmônico.

— Você acha?

— Claro.

— Qual o significado?

— O significado?

— É. O que eles representam?

— Meus pensamentos, acho.

Ele ficou me olhando.

— Eu sou meio tímida — expliquei.

— E pensa bastante, pelo jeito.

— Mais ou menos.

— Pensa, sim.

— Nem sei.

Mas nossa conversa deve ter irritado o Lavador, que gritou lá do alto; perguntando se Edwaldo tinha se esquecido da vida.

Tinha.

E eu também.

30.

Silêncio

Sempre que encanadores, pedreiros e eletricistas entravam no meu apartamento, para os infindáveis consertos, minha política era seguir escrevendo como se nada estivesse acontecendo. Assim um não incomodava o outro. Em tese, funcionaria lindamente. Na prática eles ficavam incomodados com o meu silêncio e puxavam papo.

— O que a senhora fica escrevendo aí?

— Hum...

— O que tá escrevendo?

— Éahistóriadeumpinguim.

— Como?

— A história de um pinguim.

— Pra quem?

— Hum?

— Pra quem a senhora está escrevendo isso?

— Crianças.

— Escreve sobre leão, então! De onde a senhora tirou pinguim?

— É pinguim.

— A senhora devia escrever novela pra Globo.

— Hum...

— Eu já fiz o piso da casa da Eva Wilma, sabia?

— Hum...

— Conheci um autor de novela lá. A senhora quer que eu mostre seus textos pra ele?

— Não.

— Por que não?

— Não.

— Artista é tudo igual. Vai ficar aí, de cara fechada, escrevendo, escrevendo... Tem que sair! Visitar as pessoas! Como é que as pessoas vão saber o que a senhora está escrevendo?

E assim ia... até que ele terminasse o serviço. Na hora de pagar, eu sempre levava um susto. Então ele insinuava que, se eu escrevesse novela para a Globo, poderia cobrar o dobro e eu nem acharia ruim.

— Aliás, se a senhora escrevesse novela pra Globo, não moraria nesse prédio caindo aos pedaços — acrescentava, coberto de razão.

31.

O homem-sapo-boi

A três portas do meu prédio, vivia o homem-sapo-boi. Ele não chegava a ser perigoso. Passava o dia sentado nos degraus da entrada, praticamente estático, a não ser por seus olhinhos. Os olhinhos se movimentavam. Acompanhavam o movimento da rua.

De manhã bem cedo uma mulher que podia ser sua mãe, tia ou irmã, abria a porta da casa e ele pulava até os degraus da entrada. Afastava as pernas, apoiava os cotovelos nos joelhos e não se mexia mais. No começo eu ficava sem jeito de passar por ali. Achava que ele fosse pular. Com o tempo, percebi que, se eu dissesse: "Bom dia", ele respondia "Dia"; se desse "Boa tarde", ele respondia "Tarde".

Quando estava de olhinhos abertos, cumprimentava. Às seis horas a tal mulher, que podia até ser a esposa, pegava a vassoura e o empurrava para dentro. Às vezes ele empacava, não queria se mexer. Mas ela afundava o cabo da vassoura na barriga flácida até que ele se irritava e acabava se mexendo. Bem devagarinho o homem-sapo-boi se virava e pulava para dentro da casa.

A vida o tratava bem. Dependendo do dia, eu chegava a invejá-lo.

32. A crueldade dos *hamsters*

Alguns meses depois do jantar com o dálmata, Débora me ligou dizendo que ia viajar e pediu que eu passasse um par de dias em seu apartamento, junto com um casal de *hamsters*. O dálmata e o norueguês iriam com ela, mas os *hamsters* teriam de ficar. Eles na gaiola, eu solta. Achei que não haveria risco. Concordei.

Os *hamsters* comiam uma ração que era um grão com aparência de amendoim. Estavam abastecidos. Eu não precisaria nem chegar perto. Mas cheguei, e foi aí que acabou a tranquilidade do meu fim de semana.

Notei que um dos *hamsters* havia enfiado um amendoim dentro do olho. Agora, em vez de olho, ele tinha um amendoim vermelho no lugar.

Débora pensaria o pior: que eu havia enfiado o amendoim dentro do olho do *hamster*. Afinal, eu tinha precedentes. Lembrei do periquito verde no freezer, da lesão cerebral da sua filhinha e do dia em que a convenci de que a própria existência do mundo era duvidosa.

Foram dois dias de agonia. À noite eu não consegui dormir, me perguntando se um bicho seria realmente capaz de se submeter a tamanha dor apenas para prejudicar um ser humano.

Na segunda-feira de manhã escrevi quinze bilhetes antes de deixar a chave na portaria. Rasguei todos. Decidi que Deus, minha única testemunha, daria um jeito.

Vários dias se passaram e nada de Débora me telefonar. Aliás, nada aconteceu. Demorou meses para que eu conseguisse tocar no assunto. Só então descobri que aquele amendoim, na verdade, era um tumor que estava ali há um tempão. O *hamster* era cego de um olho.

33. Salvem as baleias

Um jovem me parou no meio da Avenida Paulista e pediu que eu o ajudasse a salvar as baleias. Não era um dia bom. Eu mesma precisava me salvar de alguns pensamentos confusos que vinham me atormentando.

Fazia frio, eu só queria ir para casa e me enfiar debaixo das cobertas. Também estava sem dinheiro. Nessas horas, dormir era a melhor coisa. Dormindo eu sonhava. Depois acordava e escrevia alguma coisinha. E assim eu me sentia melhor.

— Não, obrigada.

— Não estou querendo vender nada — disse o moço.

Chovia na minha cabeça. Eu tinha esquecido o guarda--chuva em casa.

— O que você quer?

— Salvar as baleias.

Um raio cruzou o céu, já completamente preto. Em algum lugar da cidade, carros estariam boiando. Como ele esperava que eu salvasse uma baleia?

— Só precisa assinar aqui.

Não. Se fosse para salvar baleias, então que mergulhássemos no mar e nos amarrássemos a elas, com a bandeira do Greenpeace, ou que eu me jogasse na frente do baleeiro, ou que desatracássemos baleias, ou assassinássemos o Rei do Óleo de Baleia, ou que eu fosse viver dentro da baleia, mandando mensagens periódicas e jurasse não sair dali enquanto não tivessem aprovado não sei que lei.

Assinei.

— O que eu faço agora? — perguntei.

— Nada. É só isso.

Eu iria para dentro de uma delas, se ele quisesse. Se era para salvar baleias, que salvássemos.

Até hoje me pergunto como uma assinatura molhada na Avenida Paulista pode salvar uma baleia no Japão.

34.

Baleias e melancias

Depois do episódio na Avenida Paulista, passei dias pensando no destino das baleias. Isso me levou a pensar em Deus e, consequentemente, nos seus caprichos.

Foi assim que comecei a suspeitar que Deus usou forminhas na criação do mundo. Primeiro Ele fez o mundo vegetal, depois o animal. Mas, sendo um camarada ecologicamente correto, quis reaproveitar as forminhas. Isso explicaria alguns mistérios da natureza.

Segue a lista das forminhas:

Bananas = girafas

Morangos = joaninhas

Couve-flor = ovelhas

Abacaxis = leões

Berinjelas = golfinhos

Cravos = formigas

Cenouras = salmões

Milhos = pintinhos

Kiwi = periquitos

Chuchus = iguanas

Batata-roxa = hipopótamos

Figos = morcegos

Mexericas = peixinhos dourados, sendo que cada gominho equivale a um peixe.

No fim, ainda sinto que estou confinada a um período de tempo. Não mais à infância, mas à vida.

A adultice, no fim das contas, não é tão ruim. Recorro às forminhas, aos vãos dos tijolos e aos sonhos.

Aprendi a converter o grito entalado em palavras. Raramente deixam a minha boca, mas ao menos agora consigo estampá-las em papel.

AUTORA E OBRA

© Arquivo da autora

Eu nunca escrevi este livro.

Melhor dizendo, nunca parei para escrevê-lo tal como é.

Cobras em compota é o resultado de um processo de escavação.

No meu computador tenho uma pasta chamada "Fetos", onde guardo meus contos. Um belo dia fui fuçar nessa pasta, para ver se resistiam ao teste do tempo, e cheguei a esta seleção.

A primeira edição de Cobras em compota foi publicada pelo Ministério da Educação, como resultado do prêmio "Literatura para todos", em 2006. Agora o livro chega ao mercado.

Aproveitei a ocasião para submeter os contos a uma nova prova de fogo.

Os que sobreviveram passaram por um processo de poda, adubação e renovação de substrato. São as mesmas cobras e minhocas, porém mais maduras e suculentas. Bom apetite!

Sobre a minha pessoa:

Sou formada em jornalismo, pela Mankato State University — Minnesota, EUA, porém nunca atuei na área. Publiquei meu primeiro livro em 2001 e nunca mais parei. Escrevo diariamente na internet desde o século passado. Vivo em São Lourenço da Serra, numa chácara plana. Da janela do meu escritório, vejo duas éguas. Também convivo com um marido e uma gata. Fora as plantas...

Se você quiser conhecer um pouco mais sobre a minha escrita, vida e manias, venha para www.livrosdaindigo.com.br.

Também publiquei *Saga animal*, *Um dálmata descontrolado*, *O colapso dos bibelôs* e *A maldição da moleira*, entre outros.

índigo

A ILUSTRADORA

Nasci em São Paulo e desenho desde pequena. Antes de aprender a ler, descobri o armário de livros dos meus pais. Eu achava que escondia um segredo deles, quando entrava no armário, escolhia alguns livros e desenhava nas páginas em branco. Não sei bem por que fazia isso, mas cresci cultivando um amor por ambas as coisas: o desenho e a literatura.

Nunca deixei de amar o papel e todas as coisas que moram nele: os livros, as cartas, o nanquim, a pena, os cartões escritos à mão, o bilhete de alguém querido e as gravuras.

Estudei Artes Plásticas em San Francisco e Chicago, e já expus meus desenhos em várias cidades do Brasil, Estados Unidos e Inglaterra também, dentro e fora dos livros.

thais beltrame